Frau General Talboys

Anthony Trollope

Writat

Diese Ausgabe erschien im Jahr 2024

ISBN: 9789359941547

Herausgegeben von
Writat
E-Mail: info@writat.com

FRAU. ALLGEMEINE TALBOYS.

WARUM Mrs. General Talboys sich zunächst dazu entschloss, den Winter 1859 in Rom zu verbringen, verstand ich nie ganz. Mir selbst erklärte sie kurz nach ihrer Ankunft in der Ewigen Stadt ihre Absichten, indem sie in ihrer eigenen enthusiastischen Art erklärte, dass sie von dem brennenden Wunsch beseelt sei, frisch aus den noch lebendigen Quellen klassischer Poesie und Gefühle zu trinken. Aber ich dachte immer, dass darin noch mehr steckt. Klassische Poesie und Gefühle lagen ihr zweifellos sehr am Herzen; Aber das Gleiche gilt, denke ich, auch für den beträchtlichen Komfort der Hardover Lodge, dem Haus des Generals in Berkshire. und ich glaube nicht, dass sie für den Winter ausgewandert wäre, wenn es nicht ein kleines häusliches Missverständnis gegeben hätte. Es sei jedoch klargestellt, dass ein solches Missverständnis, wenn es überhaupt existierte, lediglich eine Frage des Temperaments gewesen sein muss. Ich bin mir sehr sicher, dass der Dame nie ein unangemessenes Verhalten vorgeworfen wurde. Der General ist, wie alle Welt weiß, heiß; und Mrs. Talboys kann sich, glaube ich, unangenehm machen, wenn die süßen Flüsse ihrer Begeisterung nicht durch angenehme Gewässer gespeist werden.

Aber wie dem auch sei, im November 1859 kam Frau Talboys zu uns Engländern nach Rom und schaffte es bald, sich einen bequemen Platz in unserer Gesellschaft zu verschaffen. Wir alle hielten sie für bemerkenswerter wegen ihrer geistigen Eigenschaften als wegen ihrer körperlichen Perfektion; aber dennoch war sie auf ihre Art eine hübsche Frau. Sie hatte keine besondere Brillanz, weder an Augen noch an Hautfarbe, die in empfänglichen Herzen plötzliche Flammen hervorrufen könnte; auch schien sie keine sofortige Huldigung durch die Gestalt und den Schritt einer Göttin zu verlangen; aber wir fanden, dass sie eine gutaussehende Frau von etwa dreißig oder dreiunddreißig Jahren war, mit weichen, pfirsichähnlichen Wangen, die eher denen eines Cherubs ähnelten, mit funkelnden Augen, die kaum groß genug waren, mit guten Augen Zähne, eine weiße Stirn, ein Grübchenkinn und eine volle Oberweite. Äußerlich war dies Frau General Talboys. Die Beschreibung der inneren Frau ist der Inhalt, dem diese wenigen Seiten gewidmet sein werden.

Es gibt zwei Eigenschaften, denen die Besten der Menschheit sehr unterliegen, die nahezu miteinander verwandt sind und über die die Welt noch nicht entschieden hat, ob sie zu den guten oder bösen Eigenschaften unserer Natur gezählt werden sollen. Männer und Frauen stehen unter dem Einfluss beider, doch am häufigsten sind Männer der ersteren und Frauen der letzteren unterworfen. Sie sind Ehrgeiz und Begeisterung. Jetzt war Frau Talboys eine begeisterte Frau.

Was den Ehrgeiz betrifft, so bin ich mir im Großen und Ganzen darüber im Klaren, dass es sich dabei um eine Tugend handelt, auch wenn die Welt mit Markus Antonius darin übereinstimmt, ihn als schweren Fehler zu stigmatisieren; aber mit Ehrgeiz haben wir derzeit keine Bedenken. Auch der Enthusiasmus neigt meiner Meinung nach zur Seite der Tugend; oder zumindest, wenn es ein Fehler ist, ist er von allen Fehlern der schönste. Aber um überhaupt an der Tugend teilzuhaben oder auch nur einigermaßen hübsch zu sein, muss die Begeisterung wahr sein.

Eine schlechte Münze kann man am Klang von einer guten unterscheiden; und so ist auch schlechte Begeisterung. Möge der Münzprägner noch so klug in seiner Kunst sein, bei der Münzprägung mit Begeisterung kann dem falschen Metall niemals der Klang von echtem Gold vermittelt werden. Und ich bezweifle, dass die klügste Frau der Welt falsche Begeisterung dem menschlichen Geschmack schmackhaft machen kann. Für den Geschmack einer Frau ist die Begeisterung einer anderen Frau nie besonders angenehm.

Zu Hause erfuhren wir, dass Mrs. Talboys eine stattliche Familie hatte – vier oder fünf Kinder, wie man uns sagte; aber sie brachte nur eine Tochter mit, ein kleines Mädchen von etwa zwölf Jahren. Sie hatte sich, wie sie mir erzählte, von den jüngeren Säuglingen ihres Herzens getrennt und sie der Obhut einer hingebungsvollen Wärterin überlassen, deren Liebe alles andere als mütterlich war. Und dann sagte sie ein oder zwei Worte über den General, in Worten, die mich fast glauben ließen, dass diese quasi mütterliche Liebe über die Kinder hinausging. Die Idee war jedoch falsch und entstand aus der Kraft ihrer Sprache, an die ich damals nicht gewöhnt war. Seitdem ist mir bewusst geworden, dass nichts anständiger sein kann als die alte Mrs. Upton, die ausgezeichnete Oberschwester im Hardover Lodge; und kein Gentleman war in seinem Verhalten diskreter als General Talboys.

Und ich kann hier genauso gut erklären, dass es keine tugendhaftere Frau geben könnte als die Frau des Generals. Ihr Ehegelübde war für sie von größter Bedeutung gegenüber allen anderen Gelübden und Bindungen überhaupt. Die Ehre des Generals war völlig gewahrt, als er sie allein nach Rom schickte; und er wusste zweifellos, dass es so war. Illi robur et æs Triplex, von dem ich glaube, dass keine Waffe eines Angreifers besser werden könnte. Dennoch glaubten wir immer, dass sie keinen Abscheu gegen die Unschicklichkeit anderer Frauen hegte – gegen das, was die Welt gemeinhin als Unschicklichkeit bezeichnet. Sie hing unbezwingbar an der Ehe und sprach ständig davon, dass sie für andere keineswegs unbedingt bindend sei; und selbst tugendhaft wie jeder Anstandsgreifer, unterstützte sie jedenfalls ständig die Theorie der Untreue ihrer Nachbarn. Sie war sehr darauf bedacht, die Vorurteile der englischen Welt anzuprangern und erklärte, dass es für sie selbst nicht mehr möglich sei, in dieser Welt zu leben. Sie war wütend auf die strenge Unversöhnlichkeit britischer Matronen und lehnte ebenso eifrig die strengen Konventionen einer Religion ab, an die ihrer Meinung nach keiner ihrer Anhänger glaubte, obwohl sie sich alle versklaven ließen.

Wir hatten zu dieser Zeit eine kleine Gruppe in Rom, die hauptsächlich aus Engländern und Amerikanern bestand, die sich gewöhnlich in den Zimmern des anderen trafen und viele unserer Abendstunden damit verbrachten, italienische Politik zu diskutieren. Die meisten von uns waren Maler, Dichter, Romanautoren oder Bildhauer – vielleicht sollte ich sagen angehende Maler, Dichter, Romanautoren und Bildhauer – Aspiranten, die hofften, eines Tages anerkannt zu werden; und unter uns nahm Mrs. Talboys natürlich ihren Platz ein, weil sie einen sehr schönen Geschmack für die Malerei hatte.

Ich weiß nicht, ob sie jemals etwas Großartiges geschaffen hat; aber sie machte ein paar schöne Kopien und war auf jeden Fall gern an Gesprächen über Kunst interessiert. Sie schrieb auch Aufsätze, die sie verschiedenen Herren vertraulich zeigte, und hatte die Idee, Unterricht im Modellieren zu nehmen.

In unserem gesamten Kreis war Conrad Mackinnon, ein Amerikaner, vielleicht die Person, die am besten geeignet war, als ihr Anführer bezeichnet zu werden. Er war jemand, der seinen Lebensunterhalt, und zwar auch reichlich, mit seiner Feder verdiente, und wurde von allen Seiten als literarischer Löwe angesehen, der durch seinen Erfolg, jeden beliebigen Ton zu brüllen, gerechtfertigt war. Sein übliches Brüllen war nicht gerade das einer saugenden Taube oder einer Nachtigall; aber es war ein gut gelauntes Brüllen, das für keinen Mann sehr anstößig war und für einige Damen offenbar akzeptabel genug war. Er war ein großer, stämmiger Mann, vermutlich um die fünfzig, etwas unbeholfen in seinem Gang und etwas laut in seinem Lachen. Aber obwohl er fast fünfzig war und daher ungelenk, ließ er sich gern von hübschen Frauen anlächeln und ließ sich, wie einige sagten, auch von ihnen geschmeichelt fühlen. Wenn ja, hätte er glücklich sein sollen, denn die Damen in Rom schätzten Conrad Mackinnon damals sehr.

Niemand machte viel von Mrs. Mackinnon, und doch war sie eines der süßesten, liebsten, ruhigsten kleinen Geschöpfe, die jemals den Kamin eines Mannes erfreuen konnten. Sie war überaus hübsch, immer gut gelaunt, nie dumm, selbstverleugnend bis zum Äußersten, und doch hielt sie sich meist im Hintergrund. Sie trat selten freiwillig hervor, war aber zufrieden damit, hinter ihrer Teekanne zu sitzen und Mackinnons Brüllen zu hören. Er neigte sicherlich sehr zu dem, was die Welt in Rom als Flirten bezeichnete, aber das störte sie nicht im Geringsten. Sie war zwanzig Jahre jünger als er und flirtete dennoch nie mit jemandem. Frauen würden ihr – gutmütige Freundinnen – erzählen, wie Mackinnon weiterging; Sie empfand diese Nachricht jedoch als einen ausgezeichneten Scherz und bemerkte, dass er immer das Gleiche getan hatte und zweifellos auch immer tun würde, bis er neunzig war. Ich glaube, dass sie eine glückliche Frau war; und doch dachte ich immer, dass sie glücklicher hätte sein sollen. Es geht jedoch nicht darum, das Innere des Hauses eines anderen Mannes zu kennen oder die Rätsel um die Freude und das Leid eines anderen Mannes zu lesen.

Wir hatten dort auch einen anderen Löwen, ein Löwenjunges, das berechtigt war, ein wenig zu brüllen, und auch über ihn muss ich etwas sagen. Charles O'Brien war ein junger Mann von etwa fünfundzwanzig Jahren, der im Jahr zuvor aus seinem Atelier eine bestimmte Büste verschickt hatte, von der seine Bewunderer annahmen, dass sie von keiner Leistung antiker oder moderner Genialität übertroffen worden sei. Ich bin kein Kenner der Bildhauerei und werde daher keine Meinung äußern; Aber viele, die sich selbst als Richter betrachteten, erklärten, es handele sich um einen „guten Kopf und Schultern" und nichts weiter. Ich erwähne nur die Tatsache, dass O'Brien sich dank seines Kopfes und seiner Schultern von einer Menge anderer wie ihm selbst in Rom abgrenzte, tagsüber einsam umherging und sich bei Gelegenheit verschiedenen Damen zu Füßen warf die Tage waren vorbei. Er war auf den Schultern seiner Büste an einen prominenten Platz in unserem Kreis geritten und stieß dort auf viel weibliche Bewunderung – von Mrs. General Talboys und anderen.

Etwa achtzehn oder zwanzig von uns trafen sich jeden Sonntagabend in Mrs. Mackinnons Wohnzimmer. Tatsächlich hatten viele von uns die Angewohnheit, sich täglich zu sehen und gemeinsam die Orte in Rom zu besuchen, die kunstliebenden Fremden am besten gefallen; aber hier, in diesem Salon, würden wir bestimmt zusammenkommen, und hier könnte man Mrs. Talboys vor Ende November immer finden, nicht auf irgendeinem gewohnten Platz, sondern sich im Raum bewegend, als die verschiedenen männlichen Geistesanziehungen von Unsere Gesellschaft könnte die Chance haben, sich zu bewegen. Anfangs war sie von Mackinnon sehr angetan, der, glaube ich, auch ein wenig von ihrer Bewunderung gerührt war, obwohl er den Vorwurf energisch zurückwies. Sie war uns allen jedoch sehr ans Herz gewachsen, bevor sie uns verließ, und sicherlich verdankten wir ihr unsere Liebe, denn sie trug unendlich zu den Freuden unseres Winters bei.

„Ich bin hierher gekommen, um mich zu erfrischen", sagte sie eines Abends zu Mackinnon – zu Mackinnon und mir; denn wir standen zusammen.

„Soll ich dir Tee holen?" sagte ich.

„Und hast du etwas zu essen?" fragte Mackinnon.

"Nein nein Nein;" Sie antwortete. „Tee, ja; Aber um Himmels willen, lass nichts Konkretes die Assoziationen zu einem solchen Treffen zerstreuen!"

„Ich dachte, Sie hätten vielleicht früh zu Abend gegessen", sagte Mackinnon. Nun war Mackinnon ein Mann, dessen eigenes Abendessen ihm sehr am Herzen lag. Ich habe gesehen, wie er selbst unter den Säulen des Forums hastig und unangenehm wurde, als er dachte, dass die Gruppe seine Fische durch ihren Wunsch, zu lange dort zu verweilen, in Gefahr brachte.

"Früh! Ja. NEIN; Ich weiß nicht, wann es war. Man speist und schläft im Gehorsam gegenüber dem matten Lehm, der so allgemein auf den Partikeln unseres Geistes lastet. Aber der Ton kann manchmal vergessen werden. Hier kann ich es immer vergessen."

„Ich dachte, du hättest um eine Erfrischung gebeten", sagte ich. Sie sah mich nur an, dessen kleine Versuche, Prosa zu verfassen, bis zu diesem Zeitpunkt völlig erfolglos gewesen waren, und wandte sich dann als Antwort an Mackinnon.

„Es ist die Luft, die wir atmen, die unsere Lungen füllt und uns Leben und Licht schenkt. Es ist das, was uns erfrischt, wenn es rein ist, oder uns in Stagnation versinken lässt, wenn es schmutzig ist. Lassen Sie mich für eine Weile den Atem einer belebenden Literatur einatmen. Setzen Sie sich, Herr Mackinnon; Ich habe eine Frage, die ich Ihnen stellen muss." Und dann gelang es ihr, ihn in eine Ecke zu tragen. Soweit ich sehen konnte, ging er damals bereitwillig mit, auch wenn er bald eine Abneigung gegen einen längeren Ruhestand in Gesellschaft von Mrs. Talboys empfand.

Keiner von uns verstand so recht, was ihre genauen Vorstellungen zum Thema der offenbarten Religion waren. Ich glaube, jemand hatte ihr gesagt, dass es unter uns ein oder zwei gäbe, deren Meinungen nicht gerade orthodox im Sinne der Lehren der etablierten englischen Kirche seien. Wenn ja, war sie entschlossen, uns zu zeigen, dass sie auch über die Vorurteile einer alten und trockenen Theologieschule hinaus fortgeschritten war. „Ich habe alle Barrieren der Religion niedergerissen", sagte sie zu der armen Frau Mackinnon, „und suche nach den Gefühlen eines reinen Christentums."

„Alle Barrieren der Religion niedergerissen!" sagte Mrs. Mackinnon in einem Ton des Entsetzens, der nicht gewürdigt wurde.

„In der Tat, ja", sagte Frau Talboys mit jubelnder Stimme. „Sind die Zeiten solcher Fesseln nicht vorbei?"

„Aber Sie halten dennoch am Christentum fest?"

„Ein reines Christentum, unbefleckt von Blut und Meineid, von Heuchelei und ausschweifendem Kniefall. Kann ich nicht in den Wolken anbeten und meine Gebete sprechen?" Und sie zeigte auf die hohe Decke und den schönen Kronleuchter.

„Aber Ida geht in die Kirche“, sagte Mrs. Mackinnon. Ida Talboys war ihre Tochter. Man kann nun beobachten, dass viele, die die Barrieren der Religion niederreißen, soweit diese Barrieren sich auf sie selbst auswirken, sie dennoch im Interesse ihrer Kinder aufrechterhalten. „Ja“, sagte Frau Talboys; „Liebe Ida! Ihr weicher Geist ist noch nicht dazu geeignet, die vollkommene Wahrheit zu empfangen. Wir sind verpflichtet, Kinder durch die Stärke ihrer Vorurteile zu regieren.“ Und dann zog sie weg, denn es kam selten vor, dass Mrs. Talboys lange mit einer Dame im Gespräch blieb.

Ich glaube, Mackinnon wurde ihrer bald überdrüssig. Er mochte ihre Schmeicheleien und erklärte zunächst, sie sei klug und nett; aber ihre Freundlichkeit war zu rein himmlisch, um seinen weltlichen Geschmack zu befriedigen. Mackinnon selbst kann in seinen eigenen Schriften zwischen den Wolken schwelgen und uns manchmal im Zweifel lassen, ob er jemals vorhat, auf die Erde zurückzukehren; aber wenn sein Fuß auf festem Boden steht, liebt er es, den irdischen Untergrund zu spüren, der sein Gewicht trägt. Bei Frauen mag er eine Hand, die einen unnötigen Moment in seiner eigenen bleiben kann, ein Auge, das im Champagner funkeln kann, ein Herz, das schwach genug ist, den Arm seines Besitzers in seinem eigenen unter der mondhellen Dunkelheit der Kolosseumbögen zittern zu lassen. Ein Hauch von Gefühl macht all diese Dinge noch süßer; aber das Gefühl allein wird ihm nicht genügen. Ich glaube, Mrs. Talboys hat ihr Glas Champagner getrunken, wie auch andere Damen; aber bei ihr hatte es keine so erfreuliche Wirkung. Es löste nur ihre Zunge, aber niemals ihr Auge. Ich glaube, ihr Arm zitterte nie und ihre Hand blieb nie stehen. Der General war immer in Sicherheit und vielleicht auch glücklich in seiner einsamen Sicherheit.

Leider hatten wir unter uns zwei Künstler, die sich mit ihren Frauen gestritten hatten. O'Brien, den ich bereits erwähnt habe, war einer von ihnen. Ich glaube, dass er in seinem Fall fast so frei von Schuld war, wie es nur ein Mann sein kann, dessen Ehe an sich ein Fehler war. Allerdings hatte er in Irland eine Frau, die etwa zehn Jahre älter war als er; und obwohl er die Tatsache manchmal fast vergaß, waren sich seine Freunde und Nachbarn dessen durchaus bewusst. Im anderen Fall lag die ganze Schuld wahrscheinlich beim Ehemann. Er war ein schlecht gelaunter, schlechtherziger Mann, klug genug, aber ohne Prinzipien; und er machte sich ständig der großen Sünde schuldig, schlecht über die Frau zu reden, deren Namen er unbedingt beschützen sollte. In beiden Fällen zeigte unsere Freundin Mrs. Talboys großes Interesse und in jedem von ihnen sympathisierte sie mit dem jetzigen Ehemann gegen die abwesende Frau.

Von dem Trost, den sie in letzterem Fall spendete, hörten wir immer etwas von Mackinnon. Er wiederholte seiner Frau und mir und meiner Frau gegenüber die Gespräche, die sie mit ihm geführt hatte. „Armer Brown;“ Sie würde sagen: „Ich bemitleide ihn aus tiefstem Herzen.“

„Sie wissen, dass er sich in seiner Trostlosigkeit getröstet hat", antwortete Mackinnon.

„Ich weiß sehr gut, was Sie andeuten. Ich denke, ich kann sagen, dass ich mit allen Umständen dieses herzzerreißenden Opfers vertraut bin." Mrs. Talboys rühmte sich gern des großen Vertrauens, das ihr alle entgegenbrachten, für die sie sich interessierte. „Ja, er hat solchen Trost in einer anderen Liebe gesucht, wie es ihm die harte, grausame Welt erlauben würde."

„Oder vielleicht etwas mehr als das", sagte Mackinnon. „Er hat hier in Rom eine Familie, wissen Sie; zwei kleine Babys."

„Ich weiß es, ich weiß es", sagte sie. „Cherub-Engel!" und während sie sprach, blickte sie in das hässliche Gesicht von Marcus Aurelius; denn sie standen gerade unter der Gestalt des großen Reiters auf dem Campidoglio. „Ich habe sie gesehen, und sie sind die Kinder der Unschuld. Wenn das ganze Blut aller Howards in ihren Adern fließen würde, könnte es ihre Geburt nicht edler machen!"

„Nicht, wenn der Vater und die Mutter aller Howards nie verheiratet gewesen wären", sagte Mackinnon.

"Was; das von Ihnen, Mr. Mackinnon!" sagte Frau Talboys, indem sie der Reiterstatue energisch den Rücken zuwandte und in die Gesichter zuerst von Pollux und dann von Castor blickte, als könnte sie von ihnen Inspiration zu dem Thema gewinnen, das Marcus Aurelius in seiner Kälte geleugnet hatte zu ihr. „Von dir, der du so edel für die Menschheit die göttlichen Eigenschaften des freien Handelns beansprucht hast ! Von dir, der du meinen Geist gelehrt hast, über die kleinlichen Fesseln zu steigen, die ein Mann in seiner Kleinheit ersonnen hat, um seinen Bruder zu unterwerfen. Mackinnon! Du bist so großartig!" Und sie blickte nun in sein Gesicht. „Mackinnon, sag diese Worte nicht."

„Sie *sind* unehelich", sagte er; „Und wenn es Grundbesitz gäbe –"

„Grundstück! und das von einem Amerikaner!"

„Die Kinder sind Engländer, wissen Sie."

„Grundstück! Bald wird die Zeit kommen – ja, und ich sehe sie kommen –, in der dieses hasserfüllte Wort aus dem Kalender gestrichen wird; wenn es kein Grundeigentum mehr geben soll. Was! Soll sich die freie Seele eines von Gott geborenen Menschen für immer solchen Fesseln unterwerfen? Sollen wir niemals dem Lehm entkommen, der so lange die subtileren Partikel des göttlichen Geistes gefesselt hat? Ja, ja, Mackinnon;" und dann nahm sie ihn am Arm und führte ihn zur Spitze der riesigen Stufen, die vom Campidoglio hinunter in die Straßen des modernen Roms führen. „Schauen Sie herab auf diese unzählige Menge." Mackinnon schaute nach unten und sah drei

Gruppen französischer Soldaten mit drei oder vier kleinen Männern in jeder Gruppe; Er sah auch ein paar schmutzige Mönche und drei Priester, die sehr langsam den seitlichen Aufstieg zur Kirche der Ara Cœli begannen. „Sehen Sie herab auf diese zahllose Menge", sagte Frau Talboys und streckte ihre Arme über die halb verlassene Stadt aus. „Jetzt entkommen sie diesen Fesseln, jetzt, jetzt, jetzt, wo ich spreche."

„Sie sind allen Fesseln wie denen des Grundeigentums schon vor langer Zeit entkommen", sagte Mackinnon.

„Ja, und aus allen irdischen Bindungen", fuhr sie fort, ohne den Kern seiner letzten Bemerkung zu würdigen; „aus quasi-terrestrischen und quasi-himmlischen Bindungen. Die voll ausgebildeten Glieder des gegenwärtigen Zeitalters, durch die schnelle Ströme großzügigen Blutes strömen, werden nicht länger die Bänder tragen, die vergangene Zeiten für die Altersschwachen geknüpft haben. Schauen Sie auf diese Menge herab, Mackinnon; sie werden alle frei sein." Und dann, immer noch seinen Arm umklammernd und immer noch oben auf der Treppe stehend, verkündete sie mit der Wut einer Sybil ihre Prophezeiung.

„Sie werden alle frei sein. Oh, Rom, du Ewiger! Du, der du deinen Hals dem kaiserlichen Stolz und der priesterlichen List gebeugt hast; Du, der du bis auf diese Stunde von Nero bis Pio Nono schwer gelitten hast – die Tage deiner Unterdrückung sind vorbei. Der Lärm der Prätorianerkohorten und das noch abscheulichere Gebrüll der einmischenden Mönche sind für immer von deinen privilegierten Wegen verschwunden!" Und doch, wie Mackinnon bemerkte, gab es immer noch die schmutzigen Mönche und die kleinen französischen Soldaten; und dort schufteten noch immer die langsamen Priester und machten sich auf den mühsamen Weg hinauf zur Kirche der Ara Cœli. Aber das war die banale Sichtweise der Sache – eine Sichtweise, die Mrs. Talboys in ihrer Ekstase nicht berücksichtigte. „O Italia", fuhr sie fort, „O Italia una, eins und unteilbar in deinen Rechten und unteilbar auch in deinen Unrechten! Es ist uns gegeben, die Vollendung deiner Herrlichkeit zu sehen. Um deine Altäre wird sich ein Volk erheben, das in den Annalen der Welt größer ist als deine Scipios, deine Gracchen oder deine Cäsaren. Nicht durch Ströme von Blut oder durch die Schreie trauernder Mütter sollen deine neuen Triumphe befleckt werden. Aber der Geist wird über die Materie herrschen; und dem Untergang geweiht, zusammen mit Päpsten und Bourbonen, mit Kardinälen, Diplomaten und Polizeispionen, werden Unwissenheit und Vorurteile von deinen lächelnden Terrassen vertrieben. Und dann wird Rom wieder die schöne Hauptstadt der schönsten Region Europas werden. Hierher werden die Handwerker der Welt strömen und alles in deine Märkte drängen, was Gott und der Mensch geben können. Reichtum, Schönheit und Unschuld werden sich auf deinen Straßen treffen –"

„Bis dahin wird es eine erhebliche Veränderung geben“, sagte Mackinnon.

„Es wird eine erhebliche Veränderung geben“, antwortete sie. „Mackinnon, es ist dir gegeben, die Zeichen der Zeit zu erkennen; Und hast du nicht gelesen? Warum wurden die Felder von Magenta und Solferino mit den Leichen sterbender Helden überhäuft? Warum ist das Wasser des Mincio rot vom Blut der Märtyrer? Dass Italien vereint und Rom unsterblich sei. Hier, auf dem Kapitol der antiken Stadt stehend, sage ich, dass es so sein wird; und du, Mackinnon, der du mir zuhörst, weißt, dass meine Worte wahr sind.“

Damals gab es in Rom, ich könnte fast sagen, es gab in Italien keinen Engländer oder Amerikaner, der der Sache, für die Italien kämpfte und immer noch kämpfte, nichts Gutes wünschte; ebenso gibt es kaum jemanden, der diese Sache jetzt nicht als nahezu siegreich ansieht; aber dennoch war es fast unmöglich, mit Mrs. Talboys zu sympathisieren. Wie Mackinnon sagte, flog sie so hoch, dass es keinen Trost gab, mit ihr zu fliegen.

„Nun“, sagte er, „Brown und die anderen sind unten. Sollen wir hingehen und uns ihnen anschließen?“

„Armer Brown! Wie kam es, dass wir, als wir über seine Probleme sprachen, auf dieses herzergreifende Thema aufmerksam gemacht wurden? Ja, ich habe sie gesehen, die süßen Engel; und ich sage euch auch, dass ich ihre Mutter gesehen habe. Ich bestand darauf, zu ihr zu gehen, als ich von ihm ihre Geschichte hörte.“

„Und wie ist sie, Mrs. Talboys?“

"Also; Bildung hat für einige von uns mehr bewirkt als für andere; und es gibt diejenigen, aus deren Sitten und Gesinnungen wir glücklicherweise eine Lehre ziehen könnten, deren Manieren und äußere Gesten nicht so sind, wie es die Sitte uns angenehm gemacht hat. Ich weiß, Sie können das verstehen. Ich habe sie gesehen und bin sicher, dass sie ein reines Herz und ein hohes Prinzip hat. Hat sie sich nicht selbst geopfert? Und ist Selbstaufopferung nicht die sicherste Garantie für wahren Charakteradels? Hätte Mrs. Mackinnon Einwände dagegen, dass ich sie zusammenbringe?“

Mackinnon musste erklären, dass er glaubte, seine Frau würde Einwände erheben; und von da an war die Freundschaft zwischen ihm und Mrs. Talboys nicht mehr sehr eng. Sie kam immer noch jeden Sonntagabend ins Haus und erfrischte sich immer noch an den Quellen seiner literarischen Quellen; aber ihre besonderen Prophezeiungen wurden von nun an an andere Ohren weitergegeben. Und so kam es, dass O'Brien nun ihr wichtigster Verbündeter wurde. Ich kann mich nicht erinnern, dass sie sich viel mehr um die Cherubim-Engel oder ihre Mutter gekümmert hätte; und ich neige zu der Annahme, dass sie die kleine Geschichte der Browns vergaß, als sie die Geschichte von O'Briens Ehefehlern mit großer Begeisterung aufnahm. Wie dem auch sei, Mrs. Talboys und O'Brien wurden nun streng vertraulich, und jede halbe Stunde erzählte sie jedem, der sie hören konnte, von der miserablen Lage ihrer Freundin.

„Ich sage dir was, Fanny", sagte Mackinnon eines Tages zu seiner Frau – zu seiner und meiner Frau, denn wir waren alle zusammen; „Wir werden einen Streit im Haus haben, wenn wir nicht aufpassen. O'Brien wird mit Mrs. Talboys schlafen."

„Unsinn", sagte Mrs. Mackinnon. „Du denkst immer, dass jemand mit jemandem schlafen wird."

„Irgendwer ist es immer", sagte er.

„Sie ist alt genug, um seine Mutter zu sein", sagte Mrs. Mackinnon.

„Was bedeutet das für einen Iren?" sagte Mackinnon. „Außerdem bezweifle ich, dass zwischen ihnen mehr als fünf Jahre Unterschied liegen."

„Es muss mehr sein als das", sagte meine Frau. „Ida Talboys ist zwölf, ich weiß, und ich bin mir nicht ganz sicher, ob Ida die Älteste ist."

„Wenn sie einen Sohn bei der Garde hätte, würde das keinen Unterschied machen", sagte Mackinnon. „Es gibt Männer, die sich unter bestimmten Umständen dazu verpflichtet fühlen, mit einer Frau zu schlafen, egal wie alt die Dame ist. O'Brien ist so einer; und wenn sie viel öfter Mitleid mit ihm hat, wird er die Sache falsch verstehen und auf die Knie fallen. Du solltest ihn auf der Hut machen", sagte er und wandte sich an seine Frau.

„In der Tat werde ich so etwas nicht tun", sagte sie; „Wenn sie zwei Narren sind, müssen sie wie andere Narren den Preis für ihre Torheit bezahlen." In der Regel könnte es kein sanfteres Geschöpf als Mrs. Mackinnon geben; aber es schien mir, dass ihre Zärtlichkeit sich nie auf Mrs. Talboys erstreckte.

Gerade zu dieser Zeit, gegen Ende, also im November, machten wir eine Reise, um die Gräber zu besuchen, die entlang der Via Appia liegen, jenseits des schönsten aller Gräber, dem Grab der Cecilia Metella. Es war ein köstlicher Tag, und wir waren auf dieser Straße ein paar Meilen über die Stadtmauern hinaus gefahren und hatten die schönste Aussicht genossen, die die Umgebung Roms bietet – über die wunderbaren Ruinen der alten Aquädukte hinweg Tivoli und Palestrina. Von allen Umgebungen Roms ist diese an einem schönen, klaren Tag die bezauberndste; Und hier, inmitten einer Welt von Gräbern, treffen Gedanken und fast Erinnerungen an die alten, alten Tage vielleicht mit der größten Kraft auf einen. Die Größe Roms lässt sich am besten unter den Mauern des Kolosseums sehen und verstehen und seine Schönheit zwischen den Säulen des Forums und den Bögen der Heiligen Straße. Aber seine Geschichte und sein Untergang werden hier draußen zwischen den Gräbern, wo der Blick auf die Berge ruht, deren Schatten sowohl für die alten Römer als auch für uns kühl waren, für den Geist greifbarer und klarer erkannt – als irgendwo innerhalb der Mauern der Stadt. Hier blicken wir auf dasselbe Tivoli und dasselbe Præneste, die im Sonnenschein glitzern, eingebettet in die fernen Täler, die ihnen lieb waren; und die blauen Berge sind nicht in Trümmer zerfallen. In Rom selbst können wir nichts so sehen, wie sie es sahen.

Unsere Gruppe bestand aus etwa einem Dutzend oder fünfzehn Personen, und da ein Korb mit Mittagessen darin auf dem Grashang am Fuße des Grabes von Cecilia Metella zurückgelassen worden war, hatte die Expedition etwas von der Art eines Picknicks dabei. Mrs. Talboys war natürlich bei uns und Ida Talboys. O'Brien war auch da. Der Korb war in Mrs. Mackinnons Zimmer unter der unmittelbaren Aufsicht von Mackinnon selbst vorbereitet worden, und sie galten daher als die dominierenden Geister der Party. Meine Frau war, wie üblich, mit Mrs. Mackinnon verbündet; und unter denen, die eng miteinander vertraut waren, schien es eine allgemeine Meinung zu geben, dass in der Angelegenheit O'Brien-Talboys etwas passieren würde. Die beiden waren am Abend zuvor unzertrennlich gewesen, denn Mrs. Talboys hatte den jungen Iren in Bezug auf seine häuslichen Probleme um Rat gefragt. Sir Cresswell Cresswell, hatte sie ihm gesagt, sei sein Zufluchtsort. „Warum sollte sich seine Seele den Bindungen unterwerfen, die die Welt nun für unerträglich erklärt hatte? Eine Scheidung war nun nicht mehr das Privileg der liederlichen Reichen. Geister, die unvereinbar waren, müssen nicht länger gezwungen werden, sich unter denselben Pflastersteinen zu ärgern." Kurz gesagt, sie hatte ihm empfohlen, nach England zu gehen und seine Frau loszuwerden, so wie sie mit ein wenig Ermutigung jedem Mann empfohlen hätte, alles loszuwerden. Ich bin mir sicher, dass sie, wenn sie geschickt auf das Thema aufmerksam gemacht worden wäre, vielleicht dazu gebracht worden wäre, ein Urteil gegen solche Binden für den Körper wie Mäntel, Westen und Hosen zu fällen. Ihr Streben nach Freiheit ignorierte alle Grenzen, und theoretisch gab es keine Barrieren, die sie nicht niederreißen wollte.

Der arme O'Brien hatte die Sache, wie wir jetzt alle zu sehen begannen, falsch aufgefasst. Er hatte angeboten, eine Büste von Mrs. Talboys anzufertigen, und sie hatte zugestimmt und den Wunsch geäußert, dass sie einen Platz unter denen finden würde, die sich für die Entrechtung ihrer Mitgeschöpfe eingesetzt hatten. Ich glaube wirklich, dass sie nur wenig von der üblichen persönlichen Eitelkeit einer Frau besaß. Ich weiß, dass sie die Vorstellung hatte, dass ihr Auge in ihren wärmeren Momenten von einem besonderen Feuer erhellt würde, dass Funken der Freiheit um ihre Stirn leuchteten und dass sich ihre Brust vor herrlichen Sehnsüchten bewegte; aber alle diese Gefühle bezogen sich auf ihr inneres Genie, nicht auf irgendeine äußere

Schönheit. Aber O'Brien missverstand die Frau und hielt es für notwendig, ihr ins Gesicht zu blicken und zu seufzen, als würde ihm das Herz brechen. Tatsächlich erklärte er einem jungen Freund, dass Mrs. Talboys in ihrem Schönheitsstil perfekt sei, und begann mit dieser Idee die Pleite. Allmählich wurde uns allen klar, dass er ins Unglück stürzen würde; aber wer kann einen Mann in einer solchen Angelegenheit warnen?

Mrs. Mackinnon hatte es geschafft, sie zu trennen, indem sie die Beförderung an diesem Tag arrangierte, aber das schürte nur das Feuer, das jetzt in O'Briens Brust brannte. Ich glaube, dass er sie wirklich geliebt hat, auf seine lockere, eifrige, empfängliche irische Art. Dass er die kleine Episode ohne ernsthafte Herzverletzung überstehen würde, daran zweifelte niemand; aber was würde dann passieren, wenn die Erklärung abgegeben würde? Wie würde Mrs. Talboys das ertragen?

„Sie hat es verdient", sagte Mrs. Mackinnon.

„Und doppelt so viel", fügte meine Frau hinzu. Warum sind Frauen so gehässig zueinander?

Früh am Tag kletterte Mrs. Talboys auf die Spitze eines Grabes und hielt eine kleine Rede, während sie einen Sonnenschirm über ihren Kopf hielt. Unter ihren Füßen, sagte sie, ruhe die Asche eines aufgeblähten Senators, eines Vielfraßes des Imperiums, der die für einen Stamm notwendige Versorgung in seinen Rachen geschluckt hatte. Das alte Rom war durch solchen Egoismus gefallen; aber das neue Rom würde die Lektion nicht vergessen. Das alles war sehr gut, und dann half O'Brien ihr herunter; aber danach gab es keine Trennung mehr zwischen ihnen. Sie selbst hätte lieber Mackinnon an ihrer Seite gehabt. Aber Mackinnon hatte jetzt einen anderen Ellbogen gefunden.

„Genug davon war so gut wie ein Festmahl", hatte er zu seiner Frau gesagt. Und deshalb ließ sich Mrs. Talboys, die sich des Bösen überhaupt nicht bewusst war, von O'Brien in ihren Bann ziehen.

Und dann, gegen drei Uhr, kehrten wir zum Wäschekorb zurück. Unter solchen Umständen bedeutet Mittagessen immer Abendessen, und wir bereiteten uns auf eine sehr gemütliche Mahlzeit vor. Für diejenigen, die das Grab von Cecilia Metella kennen, ist keine Beschreibung der Szene notwendig, und für diejenigen, die es nicht wissen, wird keine Beschreibung eine angemessene Vorstellung von seiner Realität vermitteln. Es handelt sich um einen großen, niedrigen Turm mit großem Durchmesser, aber schönen Proportionen, der weit außerhalb der Stadt nahe der Seite der alten römischen Straße steht. Es wurde von einem späteren Baron auf seiner Spitze umkämpft, damit es als Schutz für die Burg dienen konnte, die darauf gebaut und daran befestigt wurde. Wenn ich mich recht erinnere, hat dies einer der Frangipani getan, und er hat daraus eine sehr schöne Ruine gemacht. Ich kenne keine alte, heruntergekommene Residenz mit Zinnen in Italien, die malerischer ist als dieser freiherrliche Anbau an das alte römische Grab, oder die besser zu den Ideen passt, die Mrs. Radcliffe und die Mysterien von Udolpho in unseren Köpfen hervorgebracht haben. Es liegt an der Straße, auf der Seite der Stadt geschützt durch das stolze Grab der römischen Matrone, und bis zu den langen, zerstörten Mauern auf der Rückseite des Gebäudes erstreckt sich ein grasbewachsener Hang, an dessen Fuß sich die Überreste eines Tempels befinden alter römischer Zirkus. Dahinter liegt die lange, dünne, anmutige Linie des claudianischen Aquädukts, mit Soracte in der Ferne zur Linken und Tivoli, Palestine und Frascati zwischen den Hügeln, die die Aussicht begrenzen. Dieser Frangipani-Baron hatte Recht, und ich hoffe, er hat den Wert seines Geldes aus der Residenz gezogen, die er für sich selbst gebaut hat. Ich bezweifle jedoch, dass er den Menschen in seiner unmittelbaren Nachbarschaft nur wenig Gutes getan hat.

Wir hatten ein sehr gemütliches kleines Bankett und saßen auf den zerbrochenen Steinbrocken, die unter den Wänden des Grabes herumliegen. Ich frage mich, ob der Schatten von Cecilia Metella auf uns herabblickte. Wir haben in diesen letzten Tagen viel von ihr gehört, und dennoch wissen wir nichts über sie und können uns auch nicht vorstellen, warum sie mit einem größeren Grab geehrt wurde als jede andere römische Matrone. Es gab damals einige in unserer Gruppe, die glaubten, dass sie noch einmal zu uns zurückkehren und uns mit der gebührenden Unterstützung eines verwandten, empfänglichen Geistes den Grund für die Großzügigkeit ihres verwitweten Mannes erklären könnte. Ach, leider! Wenn wir selbst über die Römer urteilen dürfen, würde der wahre Grund für diese Grabgröße kaum etwas mit dem Ruhm der Dame Cecilia Metella selbst oder dem von Crassus, ihrem trauernden und verlassenen Herrn, zu tun haben.

Sie kam anlässlich dieses Banketts nicht zu uns, möglicherweise weil wir dort keine Tische hatten, an denen wir uns auf ihre Anwesenheit vorbereiten konnten; aber wenn sie das getan hätte, hätte sie sich über die Dinge der anderen Welt nicht beredter ausdrücken können als Mrs. Talboys. Ich habe gesagt, dass Mrs. Talboys' Augen nach einem Glas Champagner noch nie so hell gestrahlt haben, aber ich neige dazu zu glauben, dass dies bei dieser Gelegenheit der Fall gewesen sein könnte. O'Brien verordnete Ganymed und war vielleicht liberaler als andere Ganymeder der letzten Tage, an deren Dienste Mrs. Talboys gewöhnt war. Es darf jedoch niemand vermuten, dass sie die Grenzen einer diskreten Fröhlichkeit überschritten hat. Auf keinen Fall! Der großzügige Wein drang vielleicht bis zu einigen inneren Zellen ihres Herzens und brachte in funkelnden Worten Gedanken zum Vorschein, die sonst vielleicht verborgen geblieben wären; aber in dem, was sie dachte oder redete, war nichts, was geeignet war, einen Einsiedler oder eine Vestalin zu beleidigen. Ein oder zwei Worte sagte oder sang sie über die fließende Schüssel, und einmal rief sie nach Falernian; aber darüber hinaus befasste sie sich hauptsächlich mit den Rechten des Mannes und der Schwäche der Frauen; der vergangenen eisernen Zeiten und der kommenden goldenen Zeit.

Sie rief einen Toast aus und trank auf die Hoffnungen der letzten Historiker des 19. Jahrhunderts. Dann befahl sie O'Brien: „Füllen Sie die Schüssel bis zum Rand mit samischem Wein." Der Ire nahm sie beim Wort, hob die Stoßstange und schwenkte sie über ihrem Kopf, bevor sie sie an die Lippen führte. Ich bin verpflichtet zu erklären, dass sie keinen Tropfen verschüttet hat. „Die wahre ‚Falernian-Traube'", sagte sie, als sie den leeren Becher unter ihrem Ellbogen im Gras abstellte. Viler-Champagner, ich glaube, ich habe ihn noch nie getrunken; Aber es war die Theorie des Weins, nicht sein fühlbarer Körper, der sozusagen im Fleisch vorhanden war, der sie inspirierte. Sie hatte bei dieser Gelegenheit wirklich etwas Großartiges an sich und ihre Begeisterung entsprach fast der Realität.

Mackinnon war amüsiert und ermutigte sie, und ich muss gestehen, dass ich es auch tat. Mrs. Mackinnon machte ihrem Mann nutzlose kleine Zeichen, weil sie wirklich fürchtete, dass der Falernianer seine guten Dienste zu gründlich tun würde. Meine Frau nahm mich auseinander, während ich im Kreis umherging und Essen verteilte, und bemerkte: „Die Frau war eine Narrin und würde sich selbst blamieren." Aber ich bemerkte, dass sie nach der Entsorgung dieser Stoßstange den Rosengott nur noch theoretisch verehrte und daher keinen Anlass sah, sich einzumischen. „Komm, Bacchus", sagte sie; „Und komm, Silenus, wenn du willst; Ich weiß, dass ihr um die Gräber eurer verstorbenen Lieblinge herumschwebt. Und ihr auch, Nymphen von Egeria", und sie zeigte auf den klassischen Hain, der fast ganz in unserer Nähe war, als wir dort saßen. „In alten Zeiten habt ihr die Wohnstätten der Menschen nicht immer verachtet. Aber warum sollten wir die Gegenwart der Götter anrufen – wir, die wir selbst gottähnlich werden können! Wir selbst sind die Gottheiten der Gegenwart. Für uns sollen die Tische mit Ambrosia gedeckt sein; Für uns wird der Nektar fließen."

Im Großen und Ganzen war es eine sehr gute Täuschung – für eine Weile; und sobald wir es satt hatten, standen wir von unseren Plätzen auf und begannen, im Ort umherzuschlendern. Es begann ein wenig zu dämmern und etwas kühl zu werden, aber die Abendluft war angenehm, und die Damen, die ihre Schals anzogen, schienen nicht geneigt zu sein, sofort in die Kutschen zu steigen. Jedenfalls war Mrs. Talboys nicht so geneigt, denn sie ging den Hügel hinunter zu der langen niedrigen Mauer des alten römischen Zirkus am Fuße; und O'Brien, dicht an ihrem Ellbogen, begann mit ihr.

„Ida, meine Liebe, du bleibst besser hier“, sagte sie zu ihrer Tochter; „Du wirst müde sein, wenn du so weit kommst wie wir.“

„Oh nein, Mama, das werde ich nicht tun“, sagte Ida. „Du wirst viel schneller müde als ich.“

„Oh ja, das wirst du; außerdem möchte ich nicht, dass du kommst. Für Ida war Schluss, und Mrs. Talboys und O'Brien gingen gemeinsam davon, während wir uns alle in die Gesichter sahen.

„Es wäre eine Wohltätigkeitsorganisation, mit ihnen zu gehen“, sagte Mackinnon.

„Seien Sie dann wohltätig“, sagte seine Frau.

„Es sollte eine Dame sein“, sagte er.

„Es ist schade, dass die Mutter der makellosen Cherubim zu diesem Anlass nicht hier ist“, sagte sie. „Ich glaube kaum, dass jemand, der weniger begabt ist, eine solche Selbstaufopferung auf sich nehmen wird.“ Ein solcher Versuch wäre jedoch jetzt zu spät gewesen, denn sie befanden sich bereits am Fuße des Hügels. O'Brien hatte zweifellos reichlich von dem schädlichen Inhalt dieser langhalsigen Flaschen getrunken; Und obwohl ihm niemand gerechterweise vorwerfen konnte, betrunken zu sein, hatte ihn das, was andere hätte betrunken machen können, dennoch mutig gemacht, und er wagte es – vielleicht mehr, als einem Mann zustehen würde. Wenn er unter irgendwelchen Umständen dumm genug sein könnte, Mrs. Talboys ein Liebesgeständnis abzulegen, dann würde man von ihm, wie wir alle dachten, erwarten können, dass er es jetzt tut.

Wir sahen ihnen zu, wie sie auf eine Lücke in der Wand zugingen, die in den großen geschlossenen Raum des alten Zirkus führte. Es war eine Arena für Streitwagenspiele gewesen, und sie waren mit der erklärten Absicht hinuntergefahren, nach der Stelle zu suchen, an der sich das Meta befand, und herauszufinden, wie die Fahrer bei voller Geschwindigkeit hätten wenden können. Eine Zeit lang hatten wir ihre Stimmen gehört, oder besser gesagt, besonders ihre Stimme. „Das Herz eines Mannes, O'Brien, sollte für alle Notfälle ausreichen“, hatten wir sie sagen hören. Sie hatte die seltsame Angewohnheit angenommen, Männer bei ihren einfachen Namen zu nennen, so wie Männer sich gegenseitig ansprechen. Als sie dies Mackinnon antat, der viel älter war als sie selbst, hatten wir uns alle darüber amüsiert, und andere Damen unserer Gruppe hatten es sich angewöhnt, ihn „Mackinnon“ zu nennen, wenn Mrs. Talboys nicht da war; Aber wir hatten das Gefühl, dass die Komödie bei O'Brien weniger sicher war, vor allem, als wir hörten, wie er sie einmal mit Arabella anredete. Es schien sie überhaupt nicht zu stören, und wir gingen daher davon aus, dass es zwischen ihnen häufig vorkam. Welche Antwort er in diesem Moment über das Herz eines

Mannes gab, weiß ich nicht; – und dann verschwanden sie nach ein paar Minuten durch den Spalt in der Wand.

Keiner von uns folgte ihnen, obwohl es die natürlichste Sache der Welt gewesen wäre, dies zu tun, wenn nichts Ungewöhnliches erwartet worden wäre. So blieben wir um das Grab herum und befragten die kleinen Schwächen unseres lieben Freundes und hofften, dass O'Brien schnell sein würde bei dem, was er tat. Dass er zweifellos eine Ohrfeige bekommen würde – metaphorisch gesprochen –, da waren wir uns alle sicher, denn keiner von uns zweifelte an der strengen Korrektheit der Absichten der Dame. Einige von uns schlenderten in die Gebäude hinein, andere gingen hinaus auf die Straße; Aber wir dachten alle, dass O'Brien sehr langsam war, bevor wir Mrs. Talboys durch die Lücke wieder auftauchen sahen.

Endlich aber war sie da und wir sahen sofort, dass sie allein war. Sie kam näher und schritt mit schnellen Schritten den Hügel hinauf, und als sie näher kam, konnten wir sehen, dass sich auf ihrer Stirn ein Stirnrunzeln wie verletzte Majestät abzeichnete. Mackinnon und seine Frau gingen ihr entgegen. Wenn sie wirklich in Schwierigkeiten wäre, wäre es angebracht, ihr irgendwie zu helfen; und von allen Frauen war Mrs. Mackinnon die letzte, die eine andere Frau unter Missbrauch leiden sah, ohne zu versuchen, ihr zu helfen. „Ich mochte sie sicherlich nie", sagte Mrs. Mackinnon anschließend; „Aber ich musste unbedingt hingehen und mir ihre Geschichte anhören, wenn sie wirklich eine Geschichte zu erzählen hatte."

Und Mrs. Talboys hatte jetzt eine Geschichte zu erzählen – wenn sie wollte, sie zu erzählen. Die Damen unserer Gruppe erklärten hinterher, dass sie klüger gehandelt hätte, wenn sie sowohl O'Briens Worte an sie als auch ihre Antwort für sich behalten hätte. „Sie war gut in der Lage, für sich selbst zu sorgen", sagte Frau Mackinnon; „Und schließlich hatte der dumme Mann eine Antwort angenommen, als er sie bekam." Allerdings hatte O'Brien seine Antwort nicht sofort verstanden, soweit ich das aus dem, was wir später über die Angelegenheit hörten, verstehen konnte.

In diesem Moment kam Mrs. Talboys ganz allein und in schnellem Tempo die Anhöhe hinauf. „Der Mann hat mich beleidigt", sagte sie laut, so gut es ihr keuchender Atem erlaubte, und sobald sie Mrs. Mackinnon nahe genug war, um mit ihr zu sprechen.

„Das tut mir leid", sagte Frau Mackinnon. „Ich nehme an, er hat etwas zu viel Wein getrunken."

"NEIN; es war eine vorsätzliche Beleidigung. Der niederträchtige Trottel hat die Bedeutung wahrer, ehrlicher Anteilnahme nicht verstanden."

„Er wird alles vergessen, wenn er nüchtern ist", sagte Mackinnon und wollte sie trösten.

„Was kümmert es mich, woran er sich erinnert oder was er vergisst!“ sagte sie und wandte sich empört an den armen Mackinnon. „Ihr Männer kriecht so in euren Ideen –“ „Und doch“, wie Mackinnon später sagte, „hatte sie mir in den letzten drei Wochen gesagt, dass ich ein Idiot sei.“ – „Ihr Männer kriecht so in euren Ideen, dass ihr kann die Gefühle einer aufrichtigen Frau nicht verstehen. Was kann mir sein Vergessen oder sein Erinnern bedeuten? Muss ich mich an diese Beleidigung nicht erinnern? Ist es möglich, dass ich es vergesse?“

Mr. und Mrs. Mackinnon waren ihr nur entgegengegangen; aber dennoch sprach sie so laut, dass alle sie hörten, die sich noch um den Platz versammelten, an dem wir gegessen hatten.

„Was ist aus Mr. O'Brien geworden?“ flüsterte mir eine Dame zu.

Ich hatte einen Fernstecher bei mir und als ich mich umsah, sah ich seinen Hut, als er innerhalb der Zirkusmauern in Richtung Stadt ging. „Und er muss sich sehr dumm vorkommen“, sagte die Dame.

„Kein Zweifel, er ist daran gewöhnt“, sagte ein anderer.

„Aber wenn man ihr Alter bedenkt, wissen Sie“, sagte die erste, die vielleicht drei Jahre jünger als Mrs. Talboys war und selbst der Aufregung eines moderaten Flirts nicht abgeneigt war. Aber warum sollte sie dann abgeneigt sein, wenn sie doch noch nicht dem Willen eines kaiserlichen Herrn unterworfen war?

„Er hätte sich viel dümmer gefühlt“, sagte der Dritte, „wenn sie zugehört hätte, was er zu ihr gesagt hatte.“

„Nun, ich weiß es nicht“, sagte der zweite; „Damals hätte niemand etwas davon gewusst, und in ein paar Wochen wären sie auf die übliche Weise allmählich müde geworden.“

Aber inzwischen war Frau Talboys unter uns. Es hatte keinen Versuch zur Geheimhaltung gegeben, und sie schimpfte immer noch lautstark über die Unterwürfigkeitsneigung der Männer. „Das ist ganz richtig, Mrs. Talboys“, sagte eine der älteren Damen; „Aber dann sind Frauen nicht immer so vorsichtig, wie sie sein sollten. Natürlich möchte ich nicht sagen, dass Ihr Verschulden vorlag.“

„Verschulden meinerseits! Natürlich liegt ein Verschulden meinerseits vor. Niemand kann bis zu einem gewissen Grad einen Fehler ohne Fehler machen. Ich hielt ihn für einen Mann mit Verstand, und er ist ein Narr. Geh tatsächlich nach Neapel!“

„Wollte er, dass du nach Neapel gehst?“ fragte Frau Mackinnon.

"Ja; das war es, was er vorgeschlagen hat. Wir sollten morgen früh um sechs mit dem Zug nach Civita Vecchia aufbrechen und den Dampfer nehmen, der heute Abend von Livorno abfährt. Erzähl mir nichts vom Wein. Er war darauf vorbereitet!“ Und sie blickte sich mit einem Ausdruck verletzter Majestät im Gesicht um, der fast unerträglich war.

„Ich frage mich, ob er die Tickets über Nacht mitgenommen hat“, sagte Mackinnon.

"Neapel!" sagte sie, als spräche sie jetzt ausschließlich mit sich selbst; „der einzige Ort in Italien, der bisher noch nicht für die Freiheit gekämpft hat; – ein passender Aufenthaltsort für solch einen Schurken!“

„Sie hätten es zu dieser Jahreszeit sehr angenehm gefunden“, sagte die unverheiratete Dame, die drei Jahre jünger war als sie.

Meine Frau hatte Ida aus dem Weg geräumt, als man den ersten klagenden Ton von Mrs. Talboys hörte, als sie den Hügel hinaufstieg. Aber jetzt, als sich die Lage allmählich zu beruhigen begann, brachte sie sie zurück und deutete dabei an, dass sie anfangen könnten, über eine Rückkehr nachzudenken.

„Es wird sehr kalt, Ida, Liebes, nicht wahr?“ sagte sie.

„Aber wo ist Mr. O’Brien?“ sagte Ida.

„Er ist geflohen – wie Poltroons immer fliegen“, sagte Mrs. Talboys. Ich glaube in meinem Herzen, dass sie froh gewesen wäre, ihn dort in der Mitte des Kreises gehabt zu haben und öffentlich unter uns allen über ihn gesiegt zu haben. Kein Schamgefühl hätte sie auch nur einen Moment zum Schweigen gebracht.

„Geflohen!“ sagte Ida und sah ihrer Mutter ins Gesicht.

„Ja, geflohen, mein Kind.“ Und sie nahm ihre Tochter in ihre Arme und drückte sie fest an ihre Brust. „Feiglinge fliegen immer.“

„Ist Mr. O’Brien ein Feigling?“ fragte Ida.

„Ja, ein Feigling, ein sehr Feigling! Und er ist vor dem Blick einer ehrlichen Frau geflohen. Kommen Sie, Mrs. Mackinnon, sollen wir zurück in die Stadt gehen? Es tut mir leid, dass das Vergnügen des Tages diesen Scheck erhalten hat.“ Und sie ging auf die Kutsche zu und nahm dort mit einer Miene Platz, die zeigte, dass sie stolz auf die Art war, wie sie sich benommen hatte.

„Sie ist doch ein bisschen eingebildet“, sagte die unverheiratete Dame. „Hätte der arme Mr. O’Brien im Hinblick auf diese kleine Reise nach Neapel nicht so viel vorzeitige Besorgnis gezeigt, wären die Dinge vielleicht doch ruhig verlaufen.“

Doch die unverheiratete Dame täuschte sich. Mrs. Talboys war in dieser Angelegenheit stolz und eingebildet – aber nicht stolz darauf, die Bewunderung ihres irischen Liebhabers erregt zu haben. Sie war stolz auf ihr eigenes späteres Verhalten und schätzte es für sich ein, stark als edle Matrone aufzutreten. „Ich glaube, sie denkt", sagte Mrs. Mackinnon, „dass ihre Tugend recht spartanisch und einzigartig ist; und wenn sie in Rom bleibt, wird sie den ganzen Winter damit prahlen."

„Wenn sie es tut, kann sie sicher sein, dass O'Brien dasselbe tun wird", sagte Mackinnon. „Und obwohl er vom Feld geflohen ist, steht es in den Karten, dass er das Beste daraus machen wird. Frau Talboys ist eine ganz hervorragende Frau. Sie hat ihre Exzellenz zweifelsfrei unter Beweis gestellt. Dennoch ist sie anfällig für Spott."

Wir waren alle ein wenig besorgt, als wir O'Briens Bericht über die Angelegenheit hörten, und nachdem wir die Damen in ihren Häusern untergebracht hatten, machten Mackinnon und ich uns auf den Weg zu seiner Unterkunft. Zuerst wurde er uns verweigert, aber nach einer Weile bekamen wir von seinem Diener die Bestätigung, dass er zu Hause sei, und dann machten wir uns auf den Weg zu seinem Atelier. Wir fanden ihn hinter einem halbfertigen Modell sitzend, oder vielmehr einem bloßen Tonklumpen, der in etwas gestanzt war, das der Form eines Kopfes ähnelte, mit einer Pfeife im Mund und einem Stück Stock in der Hand. Er tat so, als würde er arbeiten, obwohl wir beide wussten, dass es in seiner gegenwärtigen Verfassung nicht in Frage kam, dass er irgendetwas tun würde.

„Ich glaube, ich habe gehört, wie mein Diener Ihnen gesagt hat, dass ich nicht zu Hause sei", sagte er.

„Ja, das hat er", sagte Mackinnon, „und er hätte es auch geschworen, wenn wir es zugelassen hätten. Komm, tu nicht so, als wärst du mürrisch."

„Ich bin sehr beschäftigt, Mr. Mackinnon."

„Ich nehme an, dass Sie Ihren Kopf von Mrs. Talboys fertigstellen, bevor Sie nach Neapel aufbrechen."

„Sie wollen nicht sagen, dass sie Ihnen alles erzählt hat", und er wandte sich von seiner Arbeit ab und blickte mit einem komischen Ausdruck, halb aus Spaß, halb aus Verzweiflung, in unsere Gesichter.

„Jedes Wort davon", sagte ich. „Wenn Sie möchten, dass eine Dame mit Ihnen reist, bitten Sie sie niemals, im Winter so früh aufzustehen."

„Aber, O'Brien, wie konntest du so ein Arsch sein?" sagte Mackinnon. „Wie sich herausstellte, ist kein sehr großer Schaden entstanden. Sie haben eine angesehene Frau mittleren Alters, die Mutter einer Familie und die Frau eines Generaloffiziers, beleidigt, und damit ist Schluss – es sei denn, der

Generaloffizier kommt tatsächlich aus England, um Sie zur Rechenschaft zu ziehen .“

„Er ist willkommen“, sagte O'Brien hochmütig.

„Kein Zweifel, mein Lieber“, sagte Mackinnon; „Das wäre ein würdiger und angenehmer Abschluss der Angelegenheit. Aber was ich wissen möchte, ist Folgendes: Was hätten Sie getan, wenn sie zugestimmt hätte zu gehen?“

„Er hat nie mit der Möglichkeit eines solchen Notfalls gerechnet“, sagte ich.

„Beim Himmel, ich dachte, es würde ihr gefallen“, sagte er.

„Und um ihr einen Gefallen zu tun, gaben Sie sich damit zufrieden, sich selbst zu opfern“, sagte Mackinnon.

„Nun, das war es eben. Was zum Teufel soll ein Kerl tun, wenn eine Frau so weitermacht? Sie erzählte mir dort unten, auf der alten Rennbahn, wissen Sie, dass die Ehe für Narren und Sklaven geschlossen wurde. Was sollte ich annehmen, dass sie das meinte? Aber um ganz sicher zu gehen, fragte ich sie, was für ein Kerl der General sei. „Lieber alter Mann“, sagte sie und faltete die Hände. „Er könnte, wissen Sie, mein Vater gewesen sein.“ „Ich wünschte, er wäre es“, sagte ich, „denn dann wärst du frei.“ „Ich bin frei“, sagte sie, stampfte auf den Boden und sah zu mir auf, als wollte sie sagen, dass sie sich um niemanden kümmerte. „Dann“, sagte ich, „akzeptiere alles, was vom Herzen von Wenceslaus O'Brien übrig geblieben ist“, und warf mich ihr in den Weg. „Hand“, sagte ich, „ich habe keine zu geben, aber das Blut, das rot durch meine Adern fließt, stammt von einer doppelten Linie von Königen ab.“ Ich habe das gesagt, weil sie immer gerne auf einem hohen Ross reitet. Ich war bis dicht unter die Mauer gekommen, damit mich keiner von euch vom Turm aus sehen konnte.“

„Und welche Antwort hat sie gegeben?“ sagte Mackinnon.

„Warum sie sich so freute wie Punch – gab mir beide Hände und erklärte, dass wir für immer Freunde sein würden. Ich glaube, Mackinnon, dass diese Frau noch nie zuvor etwas Derartiges gehört hat. Der General hat es zweifellos per Brief getan.“

„Und wie kam es, dass sie ihre Meinung geändert hat?“

"Warum; Ich stand auf, legte meinen Arm um ihre Taille und sagte ihr, dass wir nach Neapel aufbrechen würden. Ich wäre froh, wenn sie mir nicht einen Schlag in die Rippen verpasst hätte, der mich fast nach hinten geschleudert hätte. Sie hat mir den Atem geraubt, so dass ich nicht mit ihr sprechen konnte.“

"Und dann-"

„Oh, da war nichts mehr. Natürlich habe ich gesehen, wie es war. Also ging sie in die eine Richtung und ich in die andere. Im Großen und Ganzen denke ich, dass ich gut davongekommen bin."

„Und ich auch", sagte Mackinnon sehr ernst. „Aber wenn Sie mir erlauben, Ihnen meinen Rat zu geben, würde ich vorschlagen, dass es gut wäre, solche Fehler in Zukunft zu vermeiden."

„Auf mein Wort", sagte O'Brien und entschuldigte sich, „ich weiß nicht, was ein Mann unter solchen Umständen tun soll. Ich gebe Ihnen meine Ehre, dass ich alles getan habe, um ihr den Gefallen zu tun."

Wir beschlossen dann, dass Mackinnon der verletzten Dame die bescheidene Entschuldigung ihres verstorbenen Bewunderers überbringen sollte. Es wurde vereinbart, dass keine detaillierten Entschuldigungen vorgebracht werden sollten. Es sollte ihr überlassen bleiben, darüber nachzudenken, ob die Tat, die begangen worden war, durch Wein oder durch die Torheit eines Augenblicks oder durch ihre eigene indiskrete Begeisterung verursacht worden sein könnte. Niemand außer den beiden war anwesend, als die Nachricht übermittelt wurde, und deshalb mussten wir uns bei der Darstellung auf Mackinnons Genauigkeit verlassen.

Sie stand tatsächlich auf sehr hohem Niveau, sagte er und weigerte sich zunächst, irgendetwas zu hören, was er zu dieser Angelegenheit zu sagen hatte. „Der törichte junge Mann", erklärte sie, „war unter ihrem Zorn und unter ihrer Verachtung."

„Er ist nicht der erste Ire, der durch Schönheit indiskret gemacht wurde", sagte Mackinnon.

„Dazu gibt es einen Waffenstillstand", antwortete sie und wedelte mit der Miene vermeintlicher Majestät mit der Hand. „Der Vorfall, so verabscheuungswürdig er auch ist, war für mich unangenehm. Es wird meinen Rückzug aus Rom erforderlich machen."

„Oh nein, Frau Talboys; das wird zu viel aus ihm machen."

„Dem größten Helden, der lebt", antwortete sie, „kann sein Haus durch ein sehr kleines Insekt unbewohnbar gemacht werden." Mackinnon schwor, dass das ihre eigenen Worte waren. Infolgedessen wurde O'Brien ein Beiname verliehen, den er keineswegs billigte. Und von diesem Tag an nannten wir Mrs. Talboys immer „die Heldin".

Mackinnon setzte sich schließlich bei ihr durch und sie verließ Rom nicht. Sie ließ sich sogar dazu bewegen, eine Nachricht an O'Brien zu schicken, in der sie ihre Vergebung zum Ausdruck brachte. Sie schüttelten sich mit großem Jubel die Hände in Mrs. Mackinnons Salon; aber ich glaube nicht, dass sie ihm jemals wieder Mitleid wegen seiner Eheprobleme entgegenbrachte.

9 789359 941547

Printed at Repro India Ltd.